BEI GRIN MACHT SICH IHR WISSEN BEZAHLT

AF 136956

- Wir veröffentlichen Ihre Hausarbeit, Bachelor- und Masterarbeit

- Ihr eigenes eBook und Buch - weltweit in allen wichtigen Shops

- Verdienen Sie an jedem Verkauf

Jetzt bei www.GRIN.com hochladen
und kostenlos publizieren

Bibliografische Information der Deutschen Nationalbibliothek:

Die Deutsche Bibliothek verzeichnet diese Publikation in der Deutschen National-bibliografie; detaillierte bibliografische Daten sind im Internet über http://dnb.d-nb.de/ abrufbar.

Impressum:

Copyright © 2020 GRIN Verlag
Druck und Bindung: Books on Demand GmbH, Norderstedt Germany
ISBN: 9783346463777

Dieses Buch bei GRIN:

https://www.grin.com/document/1042568

Franziska Lax

Erklärungen für die Annexion der Krim durch Russland. Die Theorien des neuen Liberalismus und des Sozialkonstruktivismus

GRIN Verlag

GRIN - Your knowledge has value

Der GRIN Verlag publiziert seit 1998 wissenschaftliche Arbeiten von Studenten, Hochschullehrern und anderen Akademikern als eBook und gedrucktes Buch. Die Verlagswebsite www.grin.com ist die ideale Plattform zur Veröffentlichung von Hausarbeiten, Abschlussarbeiten, wissenschaftlichen Aufsätzen, Dissertationen und Fachbüchern.

Besuchen Sie uns im Internet:

http://www.grin.com/

http://www.facebook.com/grincom

http://www.twitter.com/grin_com

Friedrich-Alexander-Universität Erlangen-Nürnberg

Wintersemester 2019/20

Hausarbeit im Seminar:

Internationale Beziehungen

Thema:

Die Diskussion möglicher Erklärungen für die Annexion der Krim durch Russland mit Hilfe der Theorien des neuen Liberalismus und des Sozialkonstruktivismus

(Examen 2018)

Inhaltsverzeichnis

Gender Erklärung

In dieser Arbeit wird aus Gründen der besseren Lesbarkeit in manchen Fällen das generische Maskulinum verwendet. Weibliche und anderweitige Geschlechteridentitäten werden dabei ausdrücklich mitgemeint, soweit es für die Aussage erforderlich ist.

1. Einleitung

Die 2013 wirtschaftlich geschwächte Ukraine stand zwischen dem Einflussbereich des Ostens und des Westens. Demonstrationen, Todesopfer, ein Machtwechsel und die später zunehmende Westbindung waren Folgen der Zeit bis Mitte 2014. [1] Die Annexion der Krim im März 2014 war das Resultat eines politisch-verärgerten Russlands mit Putin als Präsident, aufgrund des ukrainischen Machtwechsels. Diese Aneignung der bis dahin „[...] Autonomen Republik innerhalb der Ukraine [...]"[2] sorgte nicht nur auf nationaler, sondern auch auf internationaler Ebene für starke Beachtung und Diskussionsbedarf.

> „Es gelang in kurzer Zeit, die Staatskrise abzuwenden und eine außenpolitische Neuorientierung auf dem Weg zu bringen. Doch die Ukraine geriet in starke Turbulenzen, weil Russlands Führung den Machtwechsel in Kiew nicht akzeptierte. Mit der Begründung, das „historische Russland" wieder zu errichten, annektierte Russland die Krim [...]. Das Ziel ist offenbar, die Ukraine in den russischen Hegemonialbereich zurückzuführen."[3]

In der vorliegenden Arbeit soll zunächst ein Überblick darüber gegeben werden, welche Beweggründe und Umstände zu der Annexion der Krim durch Russland geführt haben. Diese Ausführungen bilden die Grundlage für die nachgestellten Erklärungen, bei dem die Annexion der Krim aus Sicht zweier Theorien dargestellt wird. Im Anschluss daran werden die Theorien des Neuen Liberalismus nach Moravcsik und des Sozialkonstruktivismus nach Wendt herangezogen, um die Annexion der Krim erklären zu können. Zunächst kommt es zu einer Darstellung der Theorie des Neuen Liberalismus, daran anschließend wird ein Bezug zwischen der Theorie und des internationalen Sachverhalts hergestellt.

---

[1] (Vgl. Wipperfürth 2015, S. 22ff.)
[2] (Vgl. bpb 2019)
[3] (Simon 2014, S. 9)

Analog wie im dritten Kapitel, erfolgt im vierten Kapitel die Darstellung des Sozialkonstruktivismus und die Herstellung des Bezugs zum Sachverhalt. Das fünfte Kapitel führt zu einer Bildung des Resümees, welche Theorie aus meiner Sicht und auf Grundlage der zuvor entwickelten Feststellungen am geeignetsten ist, um die Annexion der Krim international erklären zu können.

2. Konfliktdarstellung der Annexion der Krim durch Russland im Überblick

Der Beginn der Krise in der Ukraine und darauffolgenden auf der Halbinsel Krim stellte die Ablehnung des Assoziierungsabkommen mit der EU durch den ukrainischen Präsidenten Janukowitsch im November 2013 dar. Daraufhin kam es zu starken Protesten in Kiew, da pro-europäische Demonstranten sich durch das Abkommen eine Chance auf eine Mitgliedschaft mit der EU erhofften. Durch das Handeln von Janukowitsch entstand die Anmutung in der Bevölkerung, dass sich der Präsident an die Seite Moskau stellte, anstatt an die Seite des Westens. Die Ukraine befand sich zwischen den Lagern des Westens mit der EU auf der einen Seite und des Ostens mit Russland auf der anderen Seite. Zu dieser Zeit befand sich die Ukraine in einer wirtschaftlich angespannten Situation, beispielsweise waren die Zinsen der Staatsanleihen mit zehn Prozent zu hoch- eine Wirtschaftskrise stand unmittelbar bevor. Dies sorgte für Handlungsbedarf in der Ukraine. Die Ukraine sah sowohl in einer Westbindung als auch in einer Verbindung mit Russland Vorteile. Russland sah die Notwendigkeit in dieser Situation zu handeln und unterstützte die Ukraine wirtschaftlich. Trotz dessen stellte sich Kiew nicht auf die Seite Russlands, sondern hielt sich ein Handeln mit der EU offen.[4] So entstand für Russland folgendes Dilemma:

---

[4] (Vgl. Wipperfürth 2015, S.21f.)

„Moskau war nicht in der Lage, Kiew mit der Drohung, den Kredit zurückzufordern, unter Druck zu setzen. Dies hätte zur Zahlungsunfähigkeit in der Ukraine führen können (und einer schweren Wirtschaftskrise), sodass für Moskau ein erheblicher finanzieller und Imageschaden entstanden wäre. Oder der Westen hätte Kredite ausgereicht und an Ansehen und Einfluss gewonnen. Kiew hatte *freie Hand*. [...] Die *West-Ost-Spaltung der Ukraine* war offensichtlich."[5]

„Innerhalb weniger Monaten, zwischen November 2013 und Februar 2014, ist aus einem innenpolitischen Konflikt eine internationale Krise geworden."[6] Der russische Präsident Putin schlug auf dem EU-Russland-Gipfel im Januar 2014 eine Freihandelszone zwischen der Zollunion und der EU vor, um die Ukraine aus dem Entscheidungsdilemma zwischen Ost und West zu befreien, die EU ging jedoch auf diesen Vorschlag nicht weiter ein, da sie die Ernsthaftigkeit des Vorschlags in Frage stellte.[7] Die gewaltsamen Proteste auf dem Maidanplatz in der Ukraine nahmen zu. Im Zuge dieser Entwicklung kam es zu einer Veränderung der Demonstrantengruppen. Waren die Demonstranten zunächst vorwiegend pro-europäisch und pro-demokratisch orientiert, gewannen im Laufe der Entwicklungen auch nationalistische und faschistische Gruppen an Bedeutung, welche vorwiegend anti-europäische und anti-demokratische Einstellungen vertraten. Zahlreiche Ausschreitungen und Todesopfer waren die Folge. Da die ukrainischen Innenpolitiker keine Schlichtung durchsetzen konnte, reisten die Außenminister von Deutschland, Frankreich und Polen in die Ukraine, um den Ausschreitungen ein Ende zu bereiten, diese Gruppe konnte folgende Ergebnisse in der Zusammenarbeit mit der Ukraine erzielen:[8]

„[...] vorgezogene Präsidentschaftswahlen noch 2014, den Rücktritt der Regierung, einen nationalen Dialog über notwendige Reformen einschließlich einer Verfassungsreform (20. Februar 2014). [...] Erst [Janukowitsch] peinliches Verschwinden, nicht eine Intervention westlicher Staaten, machte den nachfolgenden politischen Umsturz in Kiew möglich. [...] Die neue Regierung stützte sich lediglich auf die *Vaterlandspartei* der früheren Ministerpräsidentin Julia Timoschenko und die nationalistische *Swoboda-Partei* sowie den *Rechten Sektor*. "[9]

---

[5] (Wipperfürth 2015, S.22)
[6] (Staack 2015, S. 26)
[7] (Vgl. Wipperfürth 2015, S. 23)
[8] (Vgl. Staack 2015, S.26f.)
[9] (Staack 2015, S. 27)

Nach dem vollzogenen Regierungswechsel Anfang 2014 zeigte sich vor allem Russland sehr unzufrieden mit dieser Situation. Die Ukraine-Krise verdeutlichte Putin, dass es einer Bevölkerung möglich war einen autoritären Präsidenten durch legitime Proteste zur Flucht und somit zur Aufgabe seines Amtes zu bewegen. Die russische Regierung beschloss Maßnahmen gegen die neue Regierung in der Ukraine vorzunehmen, zunächst mit verstärkter Propaganda gegen den Machtwechsel und der Verweigerung des Kontakts zur Ukraine. Das primäre Ziel Russlands lag nun darin den Machtwechsel rückgängig zu machen, da es jedoch unwahrscheinlich schien Janukowitsch wieder in das Amt einzusetzen[10],

> „[...] konzentrierte sich Moskau auf zwei Felder: Die Annexion der Krim und die Destabilisierung des Ostens und Südens der Ukraine. Während die Beziehungen zu Russland immer stärker kriegsähnlichen Charakter annahmen, entwickelte die neue Regierung in Kiew enge Kontakte und eine erfolgreiche Zusammenarbeit mit der EU und der USA. [...] Niemals zuvor war die Ukraine oder ein anderes Land in ehemaligen sowjetischen Machtbereich einer solchen Zerreißprobe ausgesetzt gewesen. Am 21. März wurde in Brüssel das Assozierungsabkommen mit der EU unterzeichnet [...]." [11]

Auf der ukrainischen Halbinsel Krim war die Stimmung bezüglich des vollzogenen Machtwechsels in der Ukraine ebenfalls zwiegespalten, so kam es erneut zu Demonstrationen. Am 27. Februar begann die Okkupation unbekannter bewaffneter Kräfte auf der Krim, später stellte sich heraus, dass es russische Spezialtrupps waren. Diese Kräfte besetzten das Regionalparlament, hissten die russische Flagge und wählten Aksjonow, als Anhänger der Partei ‚Russische Einheit' zum neuen Regierungschef. Dieser Akt gilt als verfassungswidrig, da es eigentlich die Zustimmung des Präsidenten der Ukraine benötigte. Dieses nun neu eingesetzte Regionalparlament determinierte am 6. März 2014 den Abschluss der Krim an die Russische Föderation. Das darauffolgende Referendum ließ den Abstimmenden die Wahl, entweder für die Variante A: ‚der Anschluss der Krim an Russland' oder für die Variante B: ‚die Wiederherstellung der Verfassung 1992 mit der Krim als Teil der Ukraine' zu stimmen. Der Ausgang des umstrittenen Referendums fiel eindeutig zu Gunsten der Variante A aus. Am 18. März kam es zu dem Vertragsabschluss der Eingliederung der Krim an Russland durch Putin

---

[10] (Vgl. Simon 2014, S.9, 20)
[11] (Simon 2014, S. 20f.)

und der Regionalregierung der Krim.[12] Am Ende des Abschnittes lässt sich festhalten, dass die Annexion der Krim durch Russland als ein Akt der Machtbehauptung gegenüber der Ukraine, aber auch gegenüber dem Westen gewertet werden kann. Russland wollte seine Stellung in dem internationalen System demonstrieren und gleichzeitig seinen Hegemonialbereich vergrößern, in dem er die Krim für sich beanspruchte, schließlich hatte Russland schon die Ukraine an die EU und somit an den ‚unbeliebten' Westen ‚verloren'.

3. Theorie 1: Neuer Liberalismus

3.1 Grundzüge des Neuen Liberalismus

Im Folgenden soll vor allem auf das Erklärungsmodell des Neuen Liberalismus von Andrew Moravcsik Bezug genommen werden. Dieser vertritt den Grundgedanken, dass die Außenpolitik eine Fortsetzung der Innenpolitik ist, aufgrund dessen ist es möglich das außenpolitische Handeln auf innenpolitische Einstellungen und Handlungen zurückzuführen.[13] Der Leitgedanke des Neuen Liberalismus liegt darin, dass die innerstaatlichen Strukturen und Prozesse im Zusammenhang mit der internationalen Politik stehen und diese zur Erklärung internationaler Sachverhalte herangezogen werden. Die handelnden Akteure im internationalen System werden dabei nicht als einheitlich handelnde Akteure verstanden.[14]

> Das „[...] außenpolitische Handeln der Staaten [...] [wird durch eine] Vielzahl und Vielfalt innerstaatlicher und gesellschaftlicher Akteure mit unterschiedlichen Zielen und unterschiedlicher Durchsetzungskraft geprägt."[15]

Moravcsik stellte in Bezug der vorausgehenden Erläuterungen drei Kernannahmen auf, welche nun im Folgenden erläutert werden. Die erste Kernannahme wird bezeichnet als der *Vorrang des sozialen Akteurs und der Gesellschaft vor dem Staat*. Diese Annahme meint, dass es vor allem die Individuen und gesellschaftliche Gruppen im Fokus der Betrachtung stehen. Diese versuchen nicht nur ihre Interessen innerstaatlich, sondern auch in der internationalen Politik durchzusetzen. Das Handeln der innerstaatlichen Individuen und Gruppen ist dabei durch Vernunft und Scheu an Risiko geprägt, da sie

---

[12] (Vgl. bpb 2019)
[13] (Vgl. Hasenclever 2010, S.76)
[14] (Vgl. Schimmelfing 2015, S. 138f.)
[15] (Schimmelfing 2015, S. 140)

um die Wirkgewalt der Regierungsentscheidungen rivalisieren. Der Staat wird dabei als Ergebnis gesellschaftlicher Verhältnisse betrachtet. Der liberale Ansatz erfasst die Interessen innerhalb der Gesellschaft nicht als homogenes Gebilde, sondern als einen ständigen Wettkampf zwischen den Interessen der Mehrheit (Gruppe) und des Einzelnen, aus diesem Grund besteht kein exogenes Interesse.[16] Moravcsik bewertet Auseinandersetzungen für wahrscheinlich, wenn „[...] divergierende Wertvorstellungen über das gesellschaftliche Zusammenleben, Konflikte über knappe Ressourcen sowie ungleiche politische Zugangsmöglichkeiten innerhalb des Staates bestehen."[17] Die zweite Kernannahme betrifft die *Innergesellschaftliche Repräsentationen und staatliche Präferenzbildung*. Diese besagt, dass Staaten als Vermittler („Transmissionsriemen") zwischen der Innen- und Außenpolitik dienen, so ist eine Kumulation gesellschaftlicher Interessen nach Außen möglich. Im Fokus der Regierung eines Staates sowie bei der Betrachtung der Interessen der gesellschaftlichen Akteure ist die Sicherheits- und Machtmaximierung eher zweitrangig, vorrangig gilt hierbei das Streben nach Wohlfahrt.[18] Bei der dritten Kernannahme *Internationale Umwelt und interdependente Präferenzordnungen* wird „[die] theoretische Verbindung zwischen den staatlichen Präferenzen und dem Außenverhalten von Staaten [...] durch das sogenannte „policy interdependence" hergestellt."[19] Dies soll heißen, dass die Verteilung und die Interaktion der staatlichen Präferenzen die Struktur der internationale Politik erklären kann. Hierbei gibt es drei Arten der Verteilung der voneinander abhängigen Präferenzen. (1) Sind die Präferenzen unterschiedlicher Staaten miteinander vereinbar, so ist die Chance einer Kooperation hoch. (2) Ist dies nicht der Fall und die Präferenzen divergieren, so ist die Möglichkeit entstehender Spannungen und Konflikte hoch. (3) Sind die Präferenzen zwar unterschiedlich, jedoch ergänzen sie sich gegenseitig, so entwickeln sich Anreize, welche eine Kooperation zwischen den Staaten möglich machen. Anzumerken gilt, dass es nicht ausgeschlossen ist, dass der Staat aus der internationalen Umwelt Handlungsimpulse empfängt, diese sind jedoch nicht an der internationalen Machtverteilung ausgerichtet, sondern an den internen Willen des Staates, aus dem das

---

[16] (Vgl. Schieder, Neuer Liberalismus 2010, S. 193f.)
[17] (Schieder, Neuer Liberalismus 2010, S. 194)
[18] (Vgl. Schieder, Neuer Liberalismus 2010, S. 195f.)
[19] (Schieder, Neuer Liberalismus 2010, S. 196)

Handeln des Staates im internationalen Raum resultiert.[20] Am Ende des Abschnittes lässt sich konstatieren, dass die Theorie des neuen Liberalismus internationale Sachverhalte dadurch erklären, dass der jeweilige Staat keine ‚black box‘ darstellt, da nicht das alleinige äußere Agieren der Staaten, sondern die innerstaatlichen Prozesse und Strukturen relevant auf das internationale System und deren Beziehungen einwirken. Der Staat handelt im internationalen System nach den gesellschaftlichen und innerstaatlichen Interessen, da die Außenpolitik im neuen Liberalismus als Fortsetzung der Innenpolitik verstanden werden kann.

3.2 Anwendung auf den Konflikt

Um in diesen Abschnitt die Annexion der Krim durch den neuen Liberalismus erklären zu können, werden die drei Kernannahmen nach Moravcsik herangezogen, welche bereits im vorangestellten Absatz erklärt wurden. Bei der ersten Kernannahme *Vorrang des sozialen Akteurs und der Gesellschaft vor dem Staat* liegt der Fokus auf der Beantwortung der Frage, welche verschiedenen Meinungen und Einstellungen gesellschaftlicher Akteure zur Zeit der Ukraine-Krise vorherrschten. Ende 2013 kam es zu einer starken Polarisierung der Gesellschaft aufgrund der Nichtunterzeichnung des EU-Assoziierungsabkommens durch den ukrainischen Präsidenten Janukowitsch. Dies war der entscheidende Impuls für die Euromaidan-Bewegung. Die Aktivisten demonstrierten für eine Bindung an die EU und gegen ihren pro-russischen Präsidenten Janukowitsch. Die Beweggründe im Zuge der Demonstrationen weiteten sich auf grundlegende Aspekte aus. So ging jeder zweite Protestierende auf die Straße, um eine Veränderung im Leben in der Ukraine herbeizuführen oder einen Machtwechsel, welcher diktatorische Verhältnisse im Land vermeiden soll. Auf dieser Weise kam es, dass Gegner und Befürworter des Präsidenten Janukowitsch sich gegenüberstanden.[21] Nach dem ein Machtwechsel in der Ukraine zu Beginn des Jahres 2014 stattgefunden hatte, „[...] begannen auf der Krim massive Absetzbewegungen von Kiew.“[22] Die Auseinandersetzungen auf der Krim zeigten, dass ein Großteil der KrimbewohnerInnen für eine Orientierung an Russland, nicht an dem Westen, interessiert war. Für diese Auffassung spricht auch die Bevölkerungsstruktur auf der Halbinsel Krim: 2014 waren

---

[20] (Vgl. Schieder, Neuer Liberalismus 2010, S. 196f.)
[21] (Vgl. Banakh 2014)
[22] (Simon 2014, S. 30)

62,9% der Bevölkerung Russen, 15,4% Ukrainer, 12,1% Krimtataren.[23] Es lässt sich eine deutliche Mehrheit an Russen auf der Krim-Halbinsel erkennen. Bei der zweiten Kernannahme des neuen Liberalismus *Innergesellschaftliche Repräsentationen und staatliche Präferenzbildung* wird der Staat, die Ukraine, als Transmissionsriemen zwischen den innenpolitischen und außenpolitischen Interessen gesehen. Im Vordergrund steht dabei das Wohlfahrtsstreben und nicht die Machtmaximierung des Staates. Die Frage, inwieweit der Staat hier als Vermittler gesellschaftlicher Interessen fungierte, steht im Fokus der folgenden Betrachtung. Konstantinov, der Vorsitzende des Regionalparlaments der Krim erkannte, dass wenn er dem Willen des Volkes, welches vorwiegend russischer Herkunft war, nachgehen würde, müsste der Zustand von 1954 wiederhergestellt und die Zugehörigkeit der Krim zu Russland erklärt werden. Die prorussischen Aktivisten forderten ein Referendum über die Unabhängigkeit und den Anschluss an die Krim, nachdem der Bürgermeister abgesetzt und ein ‚Volksbürgermeister' eingesetzt wurde. Im Februar 2014 besetzten unbekannte, bewaffnete Männer die Krim, hierbei räumte Putin später ein, dass dies russische Männer waren. Zu diesem Zeitpunkt war die Krim Teil der Ukraine, doch die ukrainischen Machtinhaber schienen keine Handhabungen gegenüber der russischen Besetzung der Krim zu haben, zwar waren ukrainische Soldaten vor Ort, doch hatten diese keinen Schießbefehl.[24] „Dieser „unerklärte Krieg" hatte seine Besonderheiten: Es wurde nicht geschossen aber es gab einen Sieger – nämlich Russland."[25] Hierbei lässt sich erkennen, dass die Krim, welche aus einer Mehrheit von BürgerInnen russischer Herkunft bestand, scheinbar für eine prorussische Ausrichtung der Krim und somit der Ukraine war. Da nun der Machwechsel in der Ukraine eine eher westliche Bindung favorisierte, waren die BewohnerInnen mehrheitlich gegen diese Entwicklung, wes wegen es diesbezüglich zu Auflehnungen gegen den Wechsel in der Ukraine kam. Nach dem neuen Liberalismus kann erklärt werden, dass die Ukraine sich dem Willen des Volkes der Krim beugte und die Vorgänge und Handlungen von Seiten Russlands gewähren ließ. In Bezug auf die dritte Kernannahme *Internationale Umwelt und interdependente Präferenzordnungen*

---

[23] (Vgl. bpb: Bundeszentrale für politische Bildung. Statistik: Demographische Situation auf der Krim)
[24] (Vgl. Simon 2014, S. 31)
[25] (Simon 2014, S. 31)

„[...] ergeben sich die Handlungsmuster internationaler Politik nicht aus der internationalen Machtverteilung [...], sondern primär aus dem sozialen Kontext, in dem sie eingebettet sind. [...] Die Kompatibilität der Präferenzordnungen zweier Staaten ist nach Moravcsik entscheidend für eine kooperative oder konfliktäre Beziehung."[26]

Wie bereits im ersten Kapitel beschrieben, nahmen die Spannungen nach dem Machtwechsel in der Ukraine in Bezug auf Russland fortwährend zu. Russland war nicht positiv gestimmt von den Entwicklungen in der Ukraine von einer prorussischen hin zu einer prowestlichen Ausrichtung. Die Aufnahme von Beziehungen zu der EU und der USA fundamentierten die Neuorientierung. Diese zwei konträren Präferenzen der Staaten riefen eine konfliktäre Beziehung hervor, so wie es bereits Moravcsik beschrieb. Prinzipiell ist bei der Beurteilung der Annexion der Krim durch den neuen Liberalismus nach Moravcsik wichtig zu beachten, dass die Präferenzen der ukrainischen FestlandsbewohnerInnen sich von denen der BewohnerInnen der Krim unterschieden haben. Die Bindung der Bevölkerung der Krim an Russland war hoch, dies zeigen auch die Verteilung der Bevölkerungsanzahl auf der Krim, der Anteil der Bevölkerung an Russen betrug 2014 knapp 63%. Auf der anderen Seite kann das Referendumsergebnis im März 2014 betrachtet werden, bei welchem rund 97% der Stimmen für den Anschluss an Russland stimmten. Dieses Referendum muss jedoch kritisch betrachtet werden, da diese Abstimmung überstürzt durchgeführt wurde. Aus diesem Grund hatten beispielsweise gegnerische Stimmen kaum Zeit sich zu organisieren und eine öffentliche Gegenbewegung einzuleiten.[27]

4. Sozialkonstruktivismus

4.1 Grundzüge des Sozialkonstruktivismus

„Was den Konstruktivismus vor anderen Theorien unterscheidet, ist nicht seine Akteur*sauswahl*, sondern es sind seine Annahmen über die Disposition der Akteure."[28] Im Folgenden wird primär auf die Vorstellung des Sozialkonstruktivismus nach Alexander Wendt Bezug genommen. Der Grundgedanke des Sozialkonstruktivismus liegt in der, von dem Beobachter sozial konstruierten Weltpolitik vor, dies geschieht

---

[26] (Schulz und Tilly 2011, S. 28)
[27] (Vgl. Simon 2014, S.33)
[28] (Schimmelfing 2015, S. 162)

durch die Anwendung kulturell geteilter Vorstellungen, wie beispielsweise die Freund-Feind-Bestimmung in Bezug auf die internationale Politik. Hierbei lässt sich anmerken, dass die Akteure und die Strukturen sich gegenseitig bedingen und nicht getrennt voneinander betrachtet werden können. Im Sozialkonstruktivismus ist nicht der objektive Ist-Zustand für die Erklärung von Konflikten entscheidend, sondern wie dieser Zustand subjektiv bewertet werden kann. Es geht hierbei vorrangig um die Frage, ob ein anderer Staat als Freund, Feind oder Rivale eingeschätzt wird, materielle Ressourcen der Staaten haben aus dieser Perspektive erst einmal keine Bedeutung. So kann Staat A Nuklearwaffen besitzen und trotzdem für Staat B nicht als Bedrohung eingeschätzt werden, da dieser ihn als Freund bewertet hat.[29] Die Bewertung eines Staates gegenüber eines anderen Staates bezüglich Freund, Feind oder Rivale werden durch das Handeln und deren Interpretation der Staaten hervorgerufen. Diese Bewertungen sind als temporär einzuordnen, da erneute Handlungen eine erneute Einschätzung des Status bewirken kann. Auf Grundlage dieser Einschätzungen kommt es zu kooperativen oder nicht-kooperativen beziehungsweise harmonischen oder disharmonischen Verhalten der Staaten zueinander.[30] „Staaten bilden somit soziale Institutionen der Selbsthilfe, der Kooperation oder der harmonischen Koexistenz aus."[31] In dem Sozialkonstruktivismus stehen sich die *Logik der Angemessenheit* der *Logik der Konsequenzen* gegenüber. Die Logik der Angemessenheit ist dabei das vorherrschende Prinzip des Sozialkonstruktivismus, weswegen dies im folgenden Abschnitt kurz erläutert werden soll. In diesem Zusammenhang bewerten die Akteure ihre Handlungsoptionen anhand normativer Verpflichtungen, moralischer Prinzipien oder gesellschaftlichen Regeln und Erwartungen. Bei der Logik der Konsequenz dagegen richtet der Staat bei der Bewertung seiner Handlungsoptionen den Fokus auf deren möglichen Folgen sowie den eigenen Nutzen. Unterdies kommt es bei der Logik der Angemessenheit zu einer Unterscheidung zwischen dem habituellen Handeln, wobei sich die Staaten beispielsweise unreflektiert an bestehende zwischenstaatliche Regeln halten. Zweitens wird zwischen dem normativen Handeln unterschieden, hierbei folgen und vertreten die Akteure bestimmte Werte und Normen der internationalen Gemeinschaft aufgrund

---

[29] (Vgl. Harnisch 2010, S.102f.)
[30] (Vgl. Auth 2015, S. 192f.)
[31] (Auth 2015, S. 193)

von einer reflektierten Überzeugung. Zuletzt wird zwischen dem kommunikativen Handeln unterschieden. Bei dieser Form versuchen die Staaten trotz Unstimmigkeiten zu anderen Staaten durch eine aktive argumentative Auseinandersetzung einen angemessenen Konsens zwischen ihren divergenten Interessen zu finden. Daraus lässt sich schlussfolgern das zweckrationales und egoistisches Handeln im Sozialkonstruktivismus primär eher ausgeschlossen ist.[32] Es lässt sich festhalten, dass bei dem Sozialkonstruktivismus Handlungen auf Grundlage von Normen und Werten basieren und nicht aufgrund einer alleinigen Nutzen- oder Sicherheitsmaximierung für den Staat. Von Bedeutung bei der Kooperation und Interaktion der Staaten im internationalen System ist die gegenseitige identitäre Bewertung der Staaten bezüglich Freundschaft, Rivalität oder Feindschaft. Diese Identitäten sind flexibel und können jederzeit auf Grundlage spezifischer Handlungen revidiert und erneuert werden, diese neuen Bewertungen erzeugen neue Möglichkeiten oder Hindernisse zwischen den jeweiligen Staaten. Die „Kultur der Freundschaft" ist gekennzeichnet durch Vertrauen und Teamarbeit, indem befreundete Staaten miteinander kooperieren und Probleme der Anarchie im internationalen System weitgehend verschwinden. Dagegen ist die „Kultur der Feindschaft" geprägt von Konkurrenz, Unsicherheit, und Egoismus, dabei lässt sich erkennen, dass sich die Probleme der Anarchie verstärken.[33]

4.2 Anwendung auf den Konflikt

„[Im Sozialkonstruktivismus führt Wendt] [...] andere Erklärungskategorien als nur Macht- und Wirtschaftsinteressen in die Debatte ein. Zu den materialistischen Faktoren, [...] fügt Wendt immaterielle Faktoren hinzu, verbleibt jedoch bei der Analyse ebenfalls auf der systematischen Ebene, d.h. er untersucht vorwiegend die Struktur des internationalen Systems."[34]

Weiter ist bei der Anwendung des Sozialkonstruktivismus die Betrachtung der Identitäten von entscheidender Bedeutung, welche bereits im vorangehenden Kapitel erläutert wurden. Während der Ukraine Krise 2013/2014, welche in die Krim-Krise mündete, fand ein Identitätswechsel bezüglich der Bewertung von Russland und der Ukraine statt. Bei der pro-russischen Regierung unter Jakunowitsch bewerteten sich die

---

[32] (Vgl. Schimmelfing 2015, S. 162ff.)
[33] (Vgl. Schimmelfing 2015, S. 169f.)
[34] (Friedrich, Költzow und Tilly 2011, S. 35)

jeweiligen Staaten als Freunde. Die sogenannte ‚Kultur der Freundschaft', welche durch Kooperation und gegenseitiger Hilfe gekennzeichnet ist. Dieser Aspekt wurde sichtbar, als Russland die Ukraine 2013 wirtschaftlich unterstützte und Janukowtisch daraufhin die Unterzeichnung des EU-Assozierungsabkommen nicht ausführte.[35] Jedoch konnte der Wendepunkt der identitären Bewertung nicht aufgehalten werden, da die ukrainische Regierung sich trotz der russischen Hilfe nicht auf deren Seite stellte, sondern sich weiterhin einen Weg mit dem Westen offenhielt. Dies ist grundlegend für den Sozialkonstruktivismus, da Identitäten und Interessen als veränderbar verstanden werden und keine feststehenden Variablen sind, nach dem sie einmal festgelegt wurden.[36] Der Machtwechsel der Ukraine und die damit verbundene pro-westliche Ausrichtung unterstützte diesen Wechsel fundamental. Vor allem Russland sah die Ukraine als einen Verräter, welcher sich auf die gegnerische Seite des Westens stellte. Eine ‚Kultur der Feindschaft' hatte begonnen. Dieser schwerwiegende Identitätswechsel kann in Bezug auf den Sozialkonstruktivismus die nachfolgende Annexion der Krim erklären. Auf Grundlage dieser Erkenntnis kommt es dazu, dass Russland das Interesse der Ukraine, zu welcher die Krim gehörte, nicht beachtete und egoistisch nach seinen Präferenzen handelte. „Die Eingliederung der Krim-Halbinsel in die Russische Föderation stellt *einen Verstoß gegen das Völkerrecht* dar, insbesondere gegen das Prinzip der territorialen Integrität von Staaten."[37] Das Prinzip der *Logik der Angemessenheit* des Sozialkonstruktivismus, welche bereits in den vorangehenden Kapitel erläutert wurde, lässt sich bei dem Handeln der Ukraine erkennen, vor allem steht hierbei das normative Handeln im Vordergrund. Dies lässt sich zum Beispiel an den nichterteilten Schießbefehl der ukrainischen Regierung bei der Okkupation der Krim durch Russland erkennen. Zwar hätte die Regierung diesen erteilen können, sie entschieden sich jedoch für die scheinbar angemessene Verhaltensweise dies zu unterlassen. Auch wenn unter anderem diese Entscheidung die Konsequenz zur Folge hatte, dass die Krim in die Russische Föderation eingegliedert wurde. Auf der anderen Seite konnte jedoch ein möglicher Krieg mit Russland dadurch verhindert werden. Am Ende des Abschnittes kann angemerkt werden, dass eine Neubewertung der Identität

---

[35] (Vgl. Krone-Schmalz 2015, S. 134)
[36] (Vgl. Flizmaier, et al. 2006, S.98)
[37] (Staack 2015, S. 29)

auf Seiten der Ukraine in Bezug auf Russland nicht klar festgestellt werden kann. Sollte es der Fall sein, dass die Ukraine Russland zu diesem Zeitpunkt weiterhin als einen befreundeten Staat betrachtete, so stellt die Annexion der Krim eine Ausnahme im Sozialkonstruktivismus aus dem Blickwinkel der Ukraine dar, bei dem ein Freund einen Freund hintergangen hat. Hierbei lässt sich schlussfolgern, dass der Wechsel der identitären Bewertung eines Staates gegenüber eines anderen Staates nicht immer symmetrisch geschehen muss. Das Handeln des Staates A und die daraus folgende Interpretation des Staates B bezüglich des Handelns des Staates A kann zu einem Identitätswechsel führen. So interpretierte Russland die zunehmende Westsympathie der Ukraine als einen gegnerischen Akt und dies führte zu einem identitären Wechsel, wobei die freundschaftliche identitäre Bewertung der Ukraine von Seiten Russlands sich in ein negatives Bild umkehrte und so die Annexion der Krim als Folge des Identitätswechsel bewertet werden könnte.

5. Fazit

Abschließend lässt sich konstatieren, dass sowohl der Neue Liberalismus nach Moravcsik als auch der Sozialkonstruktivismus nach Wendt die Geschehnisse rund um die Annexion der Krim erklären können, allerdings mit einer jeweils unterschiedlichen Schwerpunktsetzung. Beide Theorien haben die Gemeinsamkeit innenpolitische Interessen in die Betrachtung des internationalen Konflikts einfließen zu lassen. Vor allem der Neue Liberalismus legt dabei das Hauptaugenmerk auf die Betrachtung gesellschaftlicher Präferenzen und Interessen. Der Sozialkonstruktivismus dagegen sieht sowohl die gesellschaftlichen als auch die Struktur des internationalen Systems für relevant. Meiner Meinung nach stellt vor allem der Sozialkonstruktivismus eine hohe Erklärungskraft für den Sachverhalt der Annexion der Krim dar, da ein deutlicher Identitätswechsel von Freund zu Feind und die daraus folgende Handlung Russlands erklärbar wird. Auch das geringe Vorgehen der Ukraine gegen die Aneignung kann verständlich durch das Prinzip der *Logik der Angemessenheit* erklärt werden. Der Neue Liberalismus zeigt in diesen internationalen Konflikt Schwächen auf, da Anhaltspunkte, welche zur Erklärung notwendig sind, nicht einwandfrei festgestellt werden können. Als Beispiel dient hier die umstrittene Durchführung und das eindeutige Ergebnis des

Referendums im März 2014 auf der Krim-Halbinsel, welches notwendig wäre, um die Interessen der Bevölkerungen der Krim bezüglich einer Annexion ohne Zweifel feststellen zu können.

6. Literaturverzeichnis

Auth, Günther. *Theorien der Internatior alen Beziehungen kompakt.* Berlin: 2. Auflage, 2015.

Banakh, Mykhaylo. *bpb: Bundeszentrale für politische Bildung. Analyse: Die Orange Revolution 2004 und der Euromaidan 2013/2014.* 27. Februar 2014. https://www.bpb.de/internationales/europa/ukraine/179753/analyse-die-orange-revolution-2004-und-der-euromaidan-2013-2014 (Zugriff am 19. Februar 2020).

bpb. *bpb: Bundeszentrale für politische Bildung. Statistik: Demographische Situation auf der Krim.* kein Datum. https://www.bpb.de/214882/statistik-demographische-situation-auf-der-krim (Zugriff am 19. Februar 2020).

—. *bpb: Bundeszentrale für politische Bildung: Vor fünf Jahren: Russlands Annexion der Krim.* 18. März 2019. https://www.bpb.de/politik/hintergrund-aktuell/287565/krim-annexion (Zugriff am 17. Februar 2020).

Flizmaier, Peter, Leonore Gewessler, Otmar Höll, und Gerhard Mangott. *Internationale Politik.* Wien: Facultas Verlags- und Buchhancels AG WUV, 2006.

Friedrich, Christian, Sarah Költzow, und Jan Tilly. „Der Konstruktivismus in den Internationalen Beziehungen." In *Casebook internationale Politik,* von Markus M. Müller (Hrsg.), 33-40. Wiesbaden: VS Verlag für Sozialwissenschaften, 1. Auflage, 2011.

Harnisch, Sebastian. „Sozialer Konstruktivismus." In *Handbuch der Internationalen Politik,* von Carlo Masala, Frank Sauer, & Andreas Wilhelm (Hrsg.), 102-117. Wiesbaden: VS Verlag Sozialwissenschaften, 1. Auflage, 2010.

Hasenclever, Andreas. „Liberlismus." In *Handbuch der Interntionalen Politik,* von Carlo Masala, Frank Sauer, & Andreas Wilhelm (Hrsg.), 76-101. Wiesbaden: VS Verlag für Sozialwissenschaften, 1. Auflage, 2010.

Krone-Schmalz, Gabriele. *Russland verstehen. Der Kampf um die Ukraine und die Arroganz des Westens.* München: Verlag C.H.Beck, 2015.

Masala, Carlo, Frank Sauer, und Andreas Wilhelm (Hrsg.). *Handbuch der Internationalen Politik.* Wiesbaden: VS Verlag für Sozialwissenschaften, 1. Auflage, 2010.

Müller (Hrsg), Markus M. *Casebook internationale Politik.* Wiesbaden: VS Verlag für Sozialwissenschaften, 1. Auflage, 2011.

Schieder, Siegfried. „Neuer Liberalismus." In *Internationale Beziehungen,* von Siegfried Schieder, & Manuela Spindler (Hrsg.), 187-201. Opladen: 3. Auflage, 2010.

Schieder, Siegfried, und Manuela Spindeler (Hrsg.). *Theorien der Internationalen Beziehungen.* Opladen: 3. Auflage, 2010.

Schimmelfing, Frank. *Internationale Politik.* Paderborn: Verlag Ferdinand Schöningh GmbH & Co. KG, 4., aktualisierte Auflage, 2015.

Schulz, Daniel F., und Jan Tilly. „Der Liberalismus in den Internationalen Beziehungen." In *Casebook internationale Politik*, von Markus M. Müller (Hrsg.), 27-32. Wiesbaden: VS Verlag für Sozialwissenschaften, 1. Auflage, 2011.

Simon, Gerhard. „Zusammenbruch und Neubeginn. Die ukrainische Revolution und ihre Feinde." *Osteuropa 64. Jahrgang, Heft 5-6. Zerreißprobe. Ukraine: Konflikt, Krise, Krieg*, Mai-Juni 2014: 9-40.

Staack, Michael. *Der Ukraine-Konflikt und die gesamteuropäische Sicherheit.* Opladen, Berlin & Toronto: Verlag Barbara Budrich, 2015.

Wipperfürth, Christian. *Die Ukraine im westlich-russischen Spannungsfeld. Die Krise, der Krieg und die Aussichten.* Opladen, Berlin & Toronto: Verlag Barbara Budrich, 2015.